AF313534

DE LA CORVÉE

ET

DES PRESTATIONS

EN NATURE;

PAR UN INGÉNIEUR DES PONTS ET CHAUSSÉES.

Re commendatur, non auctoris nomine.

PARIS,

CHEZ
{ Mme Ve H. PERRONNEAU, Imprimeur-Libraire,
quai des Augustins, n° 39.
MONGIE, Libraire, boulevard Poissonnière, n° 18.

1818.

DE L'IMPRIMERIE DE Mme Ve H. PERRONNEAU,
quai des Augustins, n° 39.

DE LA CORVÉE

ET

DES PRESTATIONS EN NATURE;

PAR UN INGÉNIEUR DES PONTS ET CHAUSSÉES.

PRESQUE toutes les routes de la France se trouvent en mauvais état. Depuis plusieurs années les fonds accordés pour leur entretien sont au-dessous des besoins : les dégradations s'accroissent, et les personnes qui savent combien les routes sont nécessaires à la prospérité d'un pays, ne peuvent que déplorer ces tristes suites de nos malheurs.

Dans la dernière session des Chambres, un noble pair, en votant en faveur du projet de loi sur le budget, a dit que, d'après l'état actuel des finances, il ne pensait pas qu'on pût parvenir au rétablissement des routes, autrement que par le moyen de la corvée (1).

---

(1) *Moniteur* du 27 mars 1817.

Au moment où une nouvelle session vient de s'ouvrir, et où l'on assure qu'une loi sur les chemins vicinaux doit être présentée, quelques considérations sur la corvée et sur les prestations en nature ne paraîtront peut-être pas inutiles.

DE LA CORVÉE.

I.

Les Romains employaient à la construction des chemins leurs légions et les peuples vaincus. Le premier moyen, applicable peut-être avec avantage à de grands travaux, ne le serait que difficilement à l'entretien des routes; et, par le droit qui régit l'Europe moderne, le second est heureusement devenu impossible.

Malgré ces deux moyens, auxquels on en ajoutait quelquefois un troisième, le travail des criminels, une grande partie des chemins de l'empire, et surtout ceux de l'Italie, étaient faits sur les fonds du trésor public, et même des propres deniers des empereurs, des grands de l'État, ou des riches particuliers; enfin, personne n'était exempt de contribuer à leur confection, soit en argent, soit par corvées.

Constantin établit quelques exemptions; mais une loi de Théodose les révoqua toutes, même celles qui avaient été portées en faveur des ecclésiastiques.

Le règne de Théodose peut être considéré comme l'époque de la décadence des chemins. L'empire romain s'écroulait de toutes parts sous les coups des Barbares ; les petits États, formés de ses débris, n'avaient ni assez de force, ni assez de stabilité pour s'occuper d'aucune des branches de la prospérité publique.

Sous le régime féodal le commerce fut presque anéanti, et les communications intérieures devinrent presque impraticables. Charlemagne dont le génie supérieur à son siècle aurait voulu rétablir toutes les institutions utiles, renouvela la loi de Théodose; mais, sous ses faibles successeurs, et sous les premiers rois de la troisième race, les seigneurs des fiefs, envahissant et usurpant tout, s'emparèrent des chemins comme de leur domaine. Sous le prétexte de pourvoir à leur entretien, ils établirent sur la voirie une multitude d'impôts arbitraires (1), et ils mirent tous les travaux à la charge des habitans des campagnes : voilà quelle fut l'origine de la corvée moderne (2).

Le gouvernement ne s'occupa guère des chemins que vers le commencement du dix-huitième siècle. Jusqu'alors il en avait laissé presque tout le soin aux seigneurs, aux États, ou aux gouverneurs des provinces.

______

(1) Ces impôts portaient les noms de *Péages, Barrages, Pontenages, Travers, Billettes, Branchières,* etc. On alla jusqu'à faire payer aux vassaux la liberté de transporter, hors du territoire de la seigneurie, leurs meubles et marchandises : « Chacun en tirait par où il pouvait. » (LOYSEAU, *Traité des Seigneuries.*)

(2) Les chemins n'étaient pas les seuls travaux faits par corvée. « Chacun homme fera tant de voyages de chariot par chacun an, pour « voiturer les blés, vins, bois et autres choses pour la nécessité de son « seigneur ; et tant de corvées à bras pour faucher, fener, fumer et « autres œuvres. » (TERRIEN, *Coutumes de Normandie.*)

C'est de cette époque que date l'organisation de la corvée, telle que nous l'avons vue avant la révolution.

L'auteur d'un ouvrage en faveur de la corvée avoue que cette organisation fut établie *sur des principes si faux, si bizarres et si défectueux, qu'ils ouvrirent la porte au péculat et à une espèce de brigandage* (1).

Nous nous abstiendrons d'entrer dans le détail des abus qui accompagnaient la corvée (2). Nous nous bornerons à une seule observation : la noblesse et le clergé, qui possédaient une grande partie des propriétés territoriales de la France, étaient exempts de la corvée. Non-seulement il n'y avait, pour parler le langage du temps, que les *taillables* qui fussent *corvéables*, mais encore il existait, parmi les premiers, des exemptions sans nombre, dues à la faveur ou à des priviléges très-difficiles même alors à désigner avec précision (3).

____

(1) *Essai sur la voirie*, imprimé en 1759.

(2) On trouvera, à la suite de cet écrit, un extrait de l'ouvrage que nous venons de citer.

(3) Sous le ministère de Turgot, en février 1776, un édit abolit la corvée. Les clameurs des privilégiés s'élevèrent de toutes parts; l'édit fut révoqué.

Le parlement de Paris déclara à cette occasion que « le peuple de « France était *taillable* et *corvéable* à volonté, que c'était une partie de « la constitution que le Roi était dans l'impossibilité de changer. » Le parlement de Bordeaux eut le crédit de faire rappeler M. Dupré de St.-Maur, intendant de Guienne, qui avait voulu, dans un projet sur la corvée, soulager le peuple. Et ces mêmes parlemens avaient fait de vives remontrances, au commencement du siècle, lors de l'organisation de la corvée !

II.

Il est permis de penser que la corvée serait rétablie sur des bases plus équitables ; mais ces bases le seraient-elles assez ? c'est ce que nous allons examiner.

Voudrait-on assujettir à la corvée, soit personnelle, soit de représentation, tous les habitans des campagnes, et même tous les propriétaires de terrains ? Combien de personnes intéressées à l'existence des routes en demeureraient exemptes !

Les richesses sont produites par l'agriculture, par l'industrie ou par le commerce. Dans notre hypothèse l'agriculture seule supporterait la charge de la corvée ; l'industrie et le commerce en seraient entièrement exempts, et, dans ces deux dernières classes, il faut comprendre tous les artisans et tous les capitalistes qui n'ont pas de terres.

Deux routes vont de Paris à Lyon. Elles sont particulièrement utiles aux négocians et aux manufacturiers de Paris, de Lyon, de Marseille et de quelques villes intermédiaires. Sans doute elles sont utiles aussi à l'agriculture et aux habitans des campagnes qu'elles traversent ou qu'elles avoisinent ; sans doute le paysan des environs de Nevers ou de Châlons en retire quelque avantage, parce qu'aucune branche de la prospérité publique ne peut augmenter ou décroître sans que toutes les autres s'en ressentent ; mais, que sont ces avantages indirects auprès de ceux du commerce ou de l'industrie ? Comment faire entendre à celui qui ne se sert pas même de ces routes pour aller vendre ses denrées au marché, qu'il doit seul les entretenir? C'est le négociant ou le manufacturier de Paris, c'est celui de Lyon, de Marseille, etc., qui devraient être chargés de la corvée demandée à ce paysan (1).

Assujettirait-on à la corvée, non-seulement tous les propriétaires de terrains, mais encore tous les citoyens sans aucune exception? Alors ce serait donc un impôt général, et nous prouverons bientôt qu'il est infiniment plus avantageux de le percevoir en argent sur tous les contribuables, ou, ce qui est la même chose, d'en prendre la valeur sur le produit des contributions de toute espèce; mais, pour ne pas sortir de la question qui nous occupe en ce moment, cet impôt pourrait-il, en nature, être réparti d'une manière équitable? L'auteur de l'écrit sur la corvée, que nous avons cité, et qui montre pour l'humanité un zèle aussi éclairé qu'il pouvait l'être dans un temps où les principes de l'économie politique étaient peu connus, dit dans un second écrit, publié en 1760 (2), qu'il exigerait de chaque *manouvrier* douze journées de travail par an; mais

---

(1) Le noble pair, dont nous venons de parler, dit : « Quel inconvé-« nient verrait-on à ce que le cultivateur contribuât par son travail à « l'entretien des chemins, dont il fait usage pour transporter au marché « le produit de ses récoltes? » On vient de voir que le moindre des usages des grandes routes est le transport des denrées aux marchés. D'ailleurs, pour ce transport, il ne faut ni des routes de soixante pieds de largeur, ni des chaussées de dix-huit pieds : enfin le cultivateur contribue à l'entretien des routes en payant l'impôt.

(2) Supplément à l'*Essai sur la voirie*.

qu'il ne s'ensuit pas qu'il voulût *exiger, en argent, de tous ceux qui ne travailleraient pas* (1) *, le prix de douze journées.* Il voulait donc charger, plus que les autres citoyens, un malheureux manouvrier qui n'a que ses deux bras pour vivre, et à qui l'existence des routes est presque indifférente : c'est précisément le contraire qu'il aurait dû vouloir.

Il est des proportions impossibles à établir dans la pratique : un individu gagne 400 fr. par an, et a quatre ou cinq enfans à nourrir : prenez-lui, en corvée, un vingtième de ce revenu, ou des journées pour la valeur de 20 fr., il peut manquer de pain plusieurs fois dans l'année. Un autre individu a un revenu de 100,000 fr., net des impôts directs, et il est seul ; oserait-on, pour la représentation de la corvée, l'imposer à 5,000 fr. par an ? Cependant il lui resterait encore 95,000 fr. pour vivre, et les charges seraient loin d'être égales. Pour qu'elles le fussent, il faudrait le réduire, comme le premier, au-dessous du strict nécessaire. Supposons que les besoins de l'un, beaucoup plus nombreux que ceux de l'autre, exigeassent une dépense annuelle de 20,000 fr., y compris les impôts indirects, et certainement on ne trouvera pas que nous lui accordons trop peu : il faudrait donc, pour agir avec équité, lui prendre chaque année plus de 80,000 fr. pour la corvée.

On nous objectera, peut-être, que ce raisonnement

---

(1) C'est-à-dire, de tous ceux que leur profession empêche de travailler de leurs mains.

pourrait s'appliquer aux contributions perçues en numéraire. Nous répondrons d'abord qu'il ne s'agit point ici d'examiner si ces contributions sont bien ou mal établies, et ensuite que, s'il existe quelques disproportions dans les unes, elles peuvent être contrebalancées par celles qui existent dans d'autres qui atteignent faiblement les pauvres. La différence tient à ce que, dans l'impôt en nature, l'unité indivisible est presque toujours trop grande : un particulier peut payer, en argent, dix ou quinze centimes, et c'est ce qui arrive tous les jours dans les impôts indirects ; mais il ne peut donner, ni un quart, ni un cinquième, et encore moins un dixième ou un quinzième de journée de travail. On croit même ne pas le grever beaucoup en lui demandant douze ou quinze journées, et cependant nous venons de voir que, dans certains cas, on le grève plus que celui qui possède 100,000 fr. de revenu, et à qui on demanderait 80,000 fr.

Nous avons choisi ces deux cas extrêmes pour rendre notre idée plus sensible. Nous croyons pouvoir en conclure qu'il serait impossible de répartir la corvée d'une manière équitable, et que cet impôt finirait toujours par peser plus particulièrement sur les pauvres et sur les habitans des campagnes, c'est-à-dire sur les personnes les moins intéressées à l'existence des routes (1).

____

(1) Autrefois la corvée était mal répartie, non-seulement entre les diverses classes de citoyens, mais encore entre les provinces. La généralité de Paris, par exemple, en était exempte pour ses grandes routes,

Pour ces philosophes de l'antiquité dont la maxime était : *Nihil esse utile, quod sit injustum* (1), la question sur la corvée serait résolue ; malheureusement elle ne l'est pas pour les peuples modernes. Poursuivons.

III.

Les partisans de la corvée voudront peut-être bien convenir qu'elle n'est pas très-juste ; mais ils ajouteront qu'elle est utile, nécessaire, et que l'intérêt de l'État est la suprême loi. Il ne nous sera pas difficile de montrer qu'elle est aussi contraire à l'intérêt de l'État qu'à celui des particuliers, si toutefois ces deux genres d'intérêt peuvent être séparés un moment.

D'abord il ne faut pas penser que tous les travaux des routes puissent être faits par corvée. Les ponts en maçonnerie et en charpente, les pavés, en un mot, les ouvrages d'art ont toujours été faits à prix d'argent. Le seul transport d'une partie des matériaux, lorsqu'il ne devait pas avoir lieu par eau, était quelquefois fait par corvée. Presque tous ces ouvrages ne peuvent être exécutés que pendant la belle saison ; même les ter-rasses et les autres travaux par corvée ne permet-taient pas toujours d'attendre la saison morte pour l'agriculture : le petit nombre de jours dont cette saison se compose, leur brièveté, le mauvais temps, le mauvais

---

dont la dépense, prise sur le trésor public, était payée par toute la France, et absorbait près du tiers des fonds des Ponts et Chaussées. (*Essai sur la voirie.* — NECKER , *de l'Administration des finances.*)

(1) Cic., *de Off.*

état des chemins servant au transport des matériaux, enfin, la bonne exécution des ouvrages s'y opposaient souvent. Plus d'une fois on a vu les malheureux habitans des campagnes arrachés à leurs terres au moment où elles réclamaient le plus leurs soins. De là, la perte d'une partie des récoltes, et quelquefois la ruine des particuliers (1). Mais, supposons qu'on pût toujours attendre, pour commencer les travaux des routes, la saison où ceux de la campagne ont cessé, et considérons la corvée sous le rapport de l'exécution des ouvrages; nous la considérerons ensuite sous celui de la dépense.

IV.

Un décret du 16 décembre 1816 a mis à la charge des propriétaires riverains des grandes routes l'entretien des fossés. Plusieurs motifs ont fait adopter cette mesure : les fossés sont en général utiles aux riverains ; ils défendent leurs champs du passage des hommes et des bestiaux. Mais, d'un autre côté, ils sont encore plus utiles à la route ; et il existe des propriétés si longues dans le sens de la route et si étroites

---

(1) « Je frémis de voir à l'heure même ou j'écris.... un champ dépouillé de sa récolte avant sa maturité, et des paysans commandés « au mois de juin pour tracer un chemin de pure faveur.... » (*Essai sur la voirie*, 1759). On avait tort d'exécuter des chemins de pure faveur aux dépens des peuples ; on avait tort encore de commander des paysans au mois de juin, si l'on pouvait s'en dispenser : mais dans le plus grand nombre de cas, on y était forcé. Ce qui aurait dû faire *frémir* l'auteur de l'essai, c'est l'institution de la corvée qui nécessitait de pareilles horreurs.

dans le sens perpendiculaire, que l'entretien des fossés et celui des arbres, dont les propriétaires sont aussi chargés, exigeraient une dépense supérieure à leur revenu. On a vu des particuliers annoncer qu'ils préféraient abandonner entièrement leur propriété (1). Dans ce cas, l'obligation d'entretenir les fossés et les arbres est donc une expropriation véritable et complète; et le gouvernement n'a jamais eu ni la volonté, ni le droit d'exproprier personne sans une indemnité préalable (2). Il serait donc à désirer que cet article et plusieurs autres d'un décret qui d'ailleurs renferme quelques bonnes dispositions, fussent modifiés. Mais si nous voulions donner du développement à cette idée, nous sortirions de notre sujet (3).

Jamais les fossés des routes n'ont été aussi mal entretenus que depuis 1811. Le décret dont nous venons de parler prescrit de les curer deux fois par an; ils sont à peine curés une fois en deux ou trois années. Les préfets ont beau faire des règlemens et des circulaires, les ingénieurs tracer des alignemens et donner des profils : à peine les ordres sont-ils arrivés, que les maires, les propriétaires, les fermiers présentent leurs observations; les uns trouvent les fossés trop larges,

----

(1) L'auteur a été plusieurs fois témoin du fait qu'il avance.

(2) Charte constitutionnelle, art. 10 ; code civil, art. 545 ; lois du 16 septembre 1807, et du 8 mars 1810.

(3) Il n'est peut-être personne qui ait autant à se plaindre de certains articles de ce décret, que les ingénieurs des Ponts et Chaussées. C'était pour l'auteur une raison de plus d'en parler comme il fait.

les autres trop profonds ; chacun propose ses dimensions à ses alignemens : le temps passe, et si enfin quelqu'un se décide à mettre la main à l'œuvre, il travaille comme il l'entend : et qui le croirait ? Ce sont presque toujours les propriétaires les plus riches qui présentent le plus d'obstacles. Enfin, un grand nombre de particuliers ne font rien du tout, et comme les mesures de rigueur entraîneraient dans des difficultés interminables, on y renonce.

Que faudrait-il donc espérer des propriétaires pauvres, ou de ceux qui n'auraient aucune propriété ? et quelle garantie offrirait la corvée pour la bonne exécution, quand il s'agirait de travaux bien autrement difficiles et bien autrement considérables que le curement des fossés ? Aujourd'hui, lorsqu'un ouvrage est mal exécuté, on en rend l'entrepreneur responsable ; on l'oblige à le réparer, ou même à le refaire, ou bien on lui fait des déductions sur le prix. Lorsqu'un ouvrier se conduit mal, on le chasse. Le *courvoyeur* (1) qu'on chasserait ne demanderait pas mieux ; et si c'était là le châtiment de l'inconduite, les ateliers seraient bientôt déserts. Aujourd'hui on n'a affaire qu'à un seul homme, à l'entrepreneur : avec une multitude de *courvoyeurs,* à qui s'adresserait-on ? Quels moyens coercitifs pourrait-on employer ? Faudrait-il augmenter le nombre des journées qu'ils avaient à

---

(1) **Un** homme sujet à la corvée s'appelait *corvéable* , et, lorsqu'il exécutait sa corvée , il était appelé *courvoyeur,* dénominations aussi barbares que l'institution.

fournir? Mais s'il leur était impossible d'en donner davantage, si cette peine était un arrêt de mort, elle serait bien disproportionnée au délit, et quel ingénieur voudrait prendre sur lui de l'infliger?

Autrefois on se soumettait avec peine à la corvée, et les travaux étaient mal exécutés. Après trente ans de révolutions, les peuples, plus éclairés sur leurs devoirs, et moins soumis à toute autorité qui ne leur paraît pas complétement juste, travailleraient-ils mieux et plus volontiers?

Concluons que l'on serait, et avec raison, encore plus indulgent envers les *courvoyeurs* qu'envers les propriétaires riverains des routes, qui doivent entretenir les fossés : concluons que les travaux par corvée, sur les grandes routes, seraient plus mal exécutés qu'autrefois; plus mal, s'il est possible, que l'est aujourd'hui l'entretien des fossés, et aussi mal que celui des chemins vicinaux pour lesquels la corvée a été rétablie.

Considérons maintenant la corvée sous le rapport de la dépense.

V.

Il n'est pas nécessaire d'être homme de l'art pour savoir combien il est avantageux de mettre, lorsqu'on le peut, les ouvriers à leurs tâches, au lieu de les employer à la journée. Un ouvrier à la journée ne fait guère que les deux tiers du travail d'un ouvrier à la tâche, et quelquefois encore moins. Que sera-ce donc lorsqu'on ne lui payera pas même le prix de sa journée? Vous faites venir des ouvriers et des voitures de trois, quatre et même cinq lieues (1); ils vous doivent un certain nombre de journées; il ne partiront pas avant le jour : que de temps perdu pour arriver le matin et pour retourner le soir? Vous envoyez les voitures dans les carrières pour en rapporter des matériaux; combien de fois ne s'arrêteront-elles pas en chemin, dans chacun de leurs voyages? Enfin, sur l'atelier même, pensez-vous que les ouvriers travailleront comme s'ils étaient payés? Il vous faudrait autant de surveillans que de *courvoyeurs*.

Dans le traité d'économie politique de M. Say, on trouve le passage suivant :

« Turgot demanda aux ingénieurs des provinces
« (*pendant son ministère et avant l'édit de fé-*
« *vrier* 1776) un devis des dépenses qu'exigeraient,
« année commune, les routes pour leur entretien,
« en y ajoutant autant de constructions nouvelles qu'il
« en avait été fait jusqu'alors. On leur recommanda
« d'établir leurs calculs sur le pied de la plus forte
« dépense possible. Ils la portèrent à dix millions (2)
« pour toute la France (3). Turgot évaluait à qua-
« rante millions la perte que la corvée occasionnait

---

(1) L'auteur de l'Essai sur la voirie dit qu'on les faisait venir quelquefois de *dix lieues*. Voyez ci-après, page 44.

(2) Ces 10 millions en représentent plus de 20 de nos jours, et les 40 suivans, plus de 80. Voyez la note, page 17.

(3) Il y a ici une légère erreur de fait qui n'influe en rien sur le raisonnement : il ne s'agissait pas de toute la France, mais des pays d'élection qui, à la vérité, en composaient la plus grande partie. Les pays d'état se gouvernaient eux-mêmes; quelques-uns, comme le Languedoc, étaient exempts de la corvée.

« aux peuples......... Necker n'évalue la corvée qu'à
« vingt millions; mais il considère peut-être plus la
« valeur des journées de travail fournies, que le tort
« résultant de cette charge. »

Cette observation est très-juste. Necker ne tient
réellement compte que de la valeur des journées de
de travail fournies; et dans le préambule de l'édit de
1776, où il n'est pas tenu compte d'autre chose,
Turgot dit que la corvée exige une dépense quelque
fois double et quelquefois triple de celle qui serait
faite à prix d'argent. Mais l'un et l'autre, craignant
d'être accusés d'exagération, aimaient mieux demeu-
rer en deçà de la vérité que de se trouver au delà.
D'ailleurs il est une autre remarque à faire sur
l'évaluation de Necker. Depuis la révocation de l'édit
de 1776, on avait laissé aux communes la faculté de
convertir leurs corvées en argent, et déjà un grand
nombre avaient profité de cette faculté, lorsque
Necker publia son ouvrage sur l'administration des
finances. Dans les vingt millions à quoi il évalue la
dépense des routes, une partie de quatre millions est
portée pour des travaux exécutés à prix d'argent, et
qui, s'ils l'avaient été par corvées, en auraient coûté
plus de douze. Ainsi, au lieu de vingt millions, il en
faudrait compter plus de vingt-huit (1).

---

(1) Ces 28 millions en valent environ 60 d'aujourd'hui. Necker porte la
journée d'un homme à 15 sous, et celle d'une voiture à deux colliers,
à 4 liv. : or, la journée d'un homme se paie actuellement 1 fr. 25 cent.,
1 fr. 50 cent., et même 1 fr. 75 cent., et celle d'une voiture à deux
colliers, 8, 10 ou 12 fr., selon les pays.

Dans le même ouvrage sur l'administration des finances, il est dit que, dans le Berry, avec des corvées pour une valeur de 624,000 liv., on ne faisait jamais plus de six lieues de route neuve, et que souvent on n'en faisait que deux lieues; tandis que, lorsque la corvée y eut été convertie en argent, avec une somme de 240,000 liv., on parvint à réparer toutes les anciennes routes et à en faire chaque année six lieues de neuves. L'entretien d'une lieue de vieille route avait été évalué à 600 liv.; la construction d'une lieue de route neuve à 25,000 l.; et la dépense réelle fut un peu au-dessous de l'estimation. Or, en supposant qu'avec des corvées pour 624,000 liv., on entretint toutes les vieilles routes, ce que Necker ne dit pas expressément, mais ce qui est présumable, et qu'on en construisit quatre lieues de neuves, nombre moyen entre six et deux, on trouvera que l'entretien d'une lieue de vieille route coûtait par corvée plus de 1,970 liv., et la construction d'une lieue de route neuve plus de 82,000 liv.

On peut donc avancer, sans exagérer, qu'en ne comptant que la valeur des journées de travail, la corvée exigeait une dépense au moins triple de celle qu'on aurait faite à prix d'argent. Elle était au moins quadruple, comme le dit M. Say d'après Turgot, en mettant en ligne de compte toutes les pertes que causait cette charge.

Eh bien ! diront quelques personnes (et nous sommes persuadés que ce ne sera pas là le langage

du noble pair dont nous avons cru pouvoir examiner l'opinion), nous admettons vos évaluations,
et nous les prendrons pour bases de nos calculs; au
lieu de dix journées de travail, nous en demanderons
trente; la somme de travail fournie par les particuliers sera plus forte; mais l'État n'y perdra rien.

L'État n'y perdrait rien! Nous avons bien voulu
supposer un instant que l'intérêt de l'État pouvait
être séparé de l'intérêt des particuliers; mais cette
supposition est-elle admissible? et quelqu'un ignore-
t-il aujourd'hui que c'est l'ensemble des intérêts particuliers qui compose l'intérêt de l'État? D'ailleurs,
est-il vrai que le trésor de l'État, ou le fisc, n'y perdrait rien? Les habitans des campagnes et les manouvriers en général font peu d'économie; et la plupart,
surtout depuis quelques années, ne gagnent que ce
dont ils ont besoin pour vivre et pour payer les impôts. Chargez-les de corvées; vous ferez des ennemis
à l'État, et le fisc perdra peut-être en non-valeur, dans
la rentrée des contributions, plus que vous n'aurez
obtenu par la corvée.

On a dépensé en 1817 environ quinze millions
sur les routes royales (1). Cette somme est loin de
suffire. Le noble pair que nous avons cité plusieurs
fois a dit, dans son vote sur la loi des finances, que
les routes exigeraient une somme de plus de cent
millions; mais nous ne pensons pas qu'il n'ait voulu

______

(1) Le budjet des Ponts et Chaussées et des Mines était de 23 millions; mais les routes n'y ont été comprises que pour 15.

parler que des routes royales, quoique ce soient les seules
dont la dépense figure au budget. Ces cent millions,
convertis en corvées, en coûteraient près de quatre
cents au peuple, en déduisant quelques millions pour
les ouvrages d'art. Sur ces quatre cents millions, l'État
n'obtiendrait des travaux que pour une valeur de cent
millions, et les trois cents autres seraient perdus pour
tout le monde.

En nous en tenant aux routes royales, nous pensons
qu'une somme de trente millions suffirait. Ces trente
millions en exigeraient près de cent vingt en corvée.

Croit-on que le peuple pût supporter une augmentation de cent vingt millions en corvées, lorsqu'il ne
serait dégrevé dans ses contributions ordinaires que de
la somme de quinze millions portée au budget pour les
routes royales ? Qu'on ne lui demande donc qu'une
augmentation de quinze millions; mais qu'on la lui demande en numéraire. Alors il gagnera réellement qua-
tre-vingt-dix millions, et les trente qu'il payera en totalité
seront répartis sur toutes les classes de citoyens; l'industrie et le commerce payeront leur part, et tout le
monde payera moins; on obtiendra pour toutes les
routes la même masse de travaux qui seront mieux
exécutés, parce qu'ils seront payés, qu'ils pourront
être surveillés et faits en temps utile sans nuire à l'a-
griculture (1).

-----

(1) Il faut convenir que, dans un gouvernement absolu, la corvée
offre quelque avantage apparent et momentané : en premier lieu, elle
dissimule les impôts, en variant leur forme; en second lieu, on peut

VI.

Enfin, la Charte veut que tous les impôts soient repartis également. Nous avons montré que la corvée ne pourrait pas l'être, et qu'il serait impossible de la proportionner aux facultés de chaque contribuable et à l'usage qu'il fait des routes. La corvée serait donc contraire à la loi fondamentale de l'État.

DES PRESTATIONS EN NATURE.

I.

Long-temps avant la révolution la corvée était devenue odieuse, et le nom en était passé dans le langage usuel pour exprimer toute action faite à contre-cœur et sans fruit. Elle fut abolie; mais bientôt elle reparut sous le nom de prestations en nature, pour être employée dans certains cas particuliers, et notamment aux chemins vicinaux.

Cependant il est juste de convenir que les prestations en nature ont deux avantages sur la corvée: 1° elles ne sont employées sur les grandes routes que dans un

---

l'abolir et la remplacer d'abord par un impôt, ensuite la rétablir sans retirer l'impôt, (et c'est ce que craignaient à tort quelques personnes qui s'opposaient à son abolition, en 1776); enfin on pourrait encore, après un certain temps, l'abolir et la rétablir de nouveau, etc. C'est d'une manière analogue que Philippe-le-Bel et quelques-uns de ses successeurs augmentaient et diminuaient à volonté le poids des monnaies: ils parvinrent à causer la ruine du peuple et celle de leur propre trésor. On n'a rien à redouter de semblable sous un Roi éclairé et juste, et sous un gouvernement représentatif.

très-petit nombre de cas ; 2° elles ne sont forcées que pour les chemins vicinaux.

II.

Une route neuve est projetée. Le gouvernement trouve de l'avantage à la faire passer derrière un village ; la route sera plus belle, plus courte, on présentera des rampes moins roides, et l'on aura moins de terre à remuer. Dans peu d'années, des maisons et des auberges seront construites sur la nouvelle direction ; mais celles qui existent dans l'ancienne rue du village se trouveront désertes et sans valeur. On aura enlevé à l'agriculture des terrains qu'on aurait pu lui laisser ; et, quoique les propriétaires en soient indemnisés, il est toujours fâcheux d'être forcé de vendre, surtout des propriétés auxquelles le voisinage des habitations donne quelquefois un prix dont il n'est pas possible de tenir compte dans leur évaluation réelle. Pour se soustraire à ces inconvéniens, les habitans se réunissent ; ils offrent de faire, en nature, une somme de travail égale à l'économie que le gouvernement ferait en dirigeant la route derrière le village. Si le détour qu'on veut éviter n'est pas trop grand, si la rue du village n'est pas trop étroite, si surtout elle ne présente pas des rampes trop roides, cette offre doit être acceptée. L'État fait un léger sacrifice en abandonnant un projet un peu plus convenable : il ne serait pas juste qu'il payât l'excédant de la dépense ; mais, dès que les habitans du village veulent le payer, il est naturel de se rendre à leur désir.

Voilà un des cas où les prestations en nature sont justes et avantageuses.

Et remarquez que ces prestations en nature n'ont aucun des inconvéniens de la corvée. On ne vient pas de loin, on demeure dans le village; on ne travaille pas à contre-cœur, parce que chacun sait qu'il travaille pour lui-même : il y a donc moins de temps perdu, et l'ouvrage s'exécute mieux. Enfin, cet ouvrage n'étant qu'une faible portion de la route, on peut attendre pour le faire, du moins en partie, le moment où les travaux de la campagne sont suspendus. Toutefois il serait à désirer, comme nous le verrons plus bas, qu'on ne fît, par prestations en nature, que la seule fourniture des matériaux , et que la main d'œuvre fût payée sur le produit d'une contribution volontaire.

Examinons s'il n'y aurait pas d'autres cas où les prestations en nature pourraient être employées avec justice et avantage ; et d'abord posons quelques principes.

III.

Les communications par terre peuvent être rangées en trois grandes divisions:

1° Les routes qui intéressent tout un pays, et qui vont de la capitale aux frontières, ou aux grandes villes de commerce, ou de l'une de ces villes à l'autre : cette division comprend les routes royales de 1ere et de 2eme classes, et presque toutes celles de 3eme ;

2° Les routes qui n'ont qu'un intérêt local, et qui n'établissent de communications qu'avec des villes secondaires : cette division comprend un petit nombre de routes royales de 3e classe, et toutes les routes départementales;

3° Les chemins vicinaux qui vont d'une ville à un village, ou d'un village à une autre, et qui ne servent presque qu'à l'exploitation des terres.

Nous l'avons dit au commencement de cet écrit : en économie politique tous les intérêts se tiennent, et toutes les branches de la prospérité publique dépendent, pour ainsi dire, les unes des autres. Un État est semblable au corps humain : un remède appliqué sur un organe renforce en général tout le système; mais quelquefois aussi il est inutile, ou même nuisible, à tel organe éloigné. Les routes tendant à augmenter la richesse d'un pays, elles sont généralement utiles à tous les habitans; mais d'un autre côté une route nouvelle, ouvrant un nouveau débouché aux produits d'une partie de ce pays, ne fait rien à l'écoulement des produits d'une autre partie, et quelquefois elle lui nuit en faisant abandonner d'anciens débouchés. De nouvelles routes dans les environs de Brest seraient utiles à plusieurs des départemens qui composent l'ancienne Bretagne, et conséquemment à la France entière; mais quels avantages particuliers les négocians et surtout les cultivateurs de Strasbourg y trouveraient-ils ? Si l'une des deux routes qui vont de Paris à Lyon cessait tout à coup d'exister, les habitans des contrées que traverse l'autre y perdraient d'abord comme Français ; mais ils y gagneraient nécessairement davantage sous un autre rapport, puisqu'une grande partie de ce qui passait sur les deux routes ne passerait plus que sur celle qui resterait.

Les routes offrent donc aux habitans d'un grand pays deux genres d'intérêt : le premier, général et un peu éloigné ; le second, direct et prochain. Le gouvernement ne doit presque jamais consulter que le premier, surtout lorsqu'il prend les dépenses sur le produit des contributions, ou sur les revenus de l'État ; mais on ne peut considérer que le second, lorsqu'il s'agit de faire les travaux aux dépens des particuliers.

Il n'est pas aisé de démêler ces deux genres d'intérêt, et de poser leur limite mathématique : heureusement nous n'avons pas besoin d'une rigueur absolue pour l'objet qui nous occupe.

IV.

Les routes royales intéressent tout l'État, et particulièrement l'industrie et le commerce des grandes villes. L'agriculture, qu'elles intéressent beaucoup moins, n'offrira jamais d'y faire des prestations en nature, excepté dans des cas semblables à celui que nous avons indiqué, et il serait injuste de la lui demander dans tout autre cas. Ces routes doivent être construites et entretenues sur les fonds du trésor public.

V.

Les routes départementales intéressent généralement plus l'agriculture, les usines et les manufactures établies à la campagne que le reste de l'industrie et le commerce. Des travaux forcés par prestations en nature, ou, ce qui est la même chose, par corvée, y seraient, s'il est permis de s'exprimer ainsi, moins injustes que sur les autres routes. Mais ces travaux, outre que toutes les personnes intéressées n'y contribueraient pas, seraient, comme nous l'avons montré, mal exécutés, et coûteraient le quadruple de leur valeur : ils doivent donc encore être faits en général à prix d'argent.

Tous les départemens ayant besoin de routes de ce genre, on pourrait les construire et les entretenir sur les fonds de l'État ; mais comme certains départemens en ont ou en réclament plus que d'autres, proportionnellement au produit de leurs contributions, il est encore plus convenable de pourvoir, comme on le fait, à la dépense, par des centimes additionnels que les départemens s'imposent eux-mêmes.

On pourrait croire que cette distinction ne porte que sur les mots, puisque les particuliers, en effet, paient les travaux des routes royales et ceux des routes départementales, les fonds nécessaires aux uns et aux autres étant pris sur les impôts ; et qu'importe, dira-t-on, que ce soit sur le principal des contributions ou sur les centimes additionnels ? Mais les centimes addi tionnels ont deux avantages : le premier, de propor-

tionner un peu plus la contribution à l'intérêt des particuliers; le second, de donner l'assurance que les fonds
faits sont réellement dépensés sur les routes, excepté
dans des cas qui, il faut l'espérer, ne se représenteront
plus, et où tout serait permis pour le salut du
royaume.

Puisque les routes départementales sont particulièrement utiles à l'agriculture et aux établissemens d'industrie situés à la campagne, on pourrait, pour leur
construction et leur entretien, accepter des prestations
en nature des parties intéressées; mais ces prestations,
pour n'avoir pas tous les inconvéniens de la corvée,
doivent être entièrement volontaires.

Sans doute on nous dira que des prestations volontaires sont presque nulles. En effet, plus d'un exemple
prouve que des offres faites, même avec profusion, se
sont réduites à rien, ou à très-peu de chose, lorsqu'il a
été question de les réaliser. Souvent des maires, soit
par trop de confiance en leur pouvoir sur l'esprit des
habitans de leurs communes, soit par le désir d'obtenir,
pour les routes qui les intéressent, une plus grande
masse de fonds dans la répartition annuelle, ont fait
des offres très-considérables, et se sont ensuite vus
désavouer par leurs administrés : des particuliers,
même après avoir promis des prestations en nature,
se sont rétractés; mais il vaut mieux courir ce danger
que de commettre des injustices, exécuter de mauvais
travaux, et faire une dépense quadruple de leur
valeur.

Parmi un grand nombre d'exemples que nous pourrions citer, nous n'en choisirons que deux. Ils feront connaître les vices attachés au mode actuel de procéder dans l'exécution des prestations en nature, et contribueront peut-être à l'adoption de quelques règles générales que nous proposerons ensuite.

Un maire, intéressé, comme propriétaire d'un château, à la réparation d'une route départementale, va trouver son préfet, et lui offre, au nom de ses administrés et des maires ses voisins, toutes les prestations en nature qu'on demanderait pour remettre cette route en bon état. L'ingénieur se rend sur les lieux; il fait observer que les prestations nécessaires sont très-considérables, et qu'il ne pense pas qu'elles puissent être fournies dans une seule année; le maire insiste. Dans la répartition des fonds, une somme de 10,000 fr. est accordée pour être ajoutée aux prestations en nature : l'ingénieur fait un devis en conséquence, et en chargeant le moins possible les particuliers. La route était composée de parties pavées et de parties en empierrement; afin d'avoir des matériaux pour réparer les parties pavées, l'ingénieur propose de démolir, à chacune de leurs extrémités, une certaine longueur de chaussée. Sur les 10,000 fr. accordés, il prend 6,000 fr. pour ces démolitions et réparations, et il destine les 4,000 fr. restant à l'emploi des cailloux à mettre dans les parties en empierrement et dans les portions de chaussées démolies. Il ne demande, par prestations en nature, que la fourniture de ces cailloux.

Son devis est approuvé; il reçoit l'ordre de faire commencer les travaux. On répare les pavés; les prestations en nature, toujours attendues, n'arrivent pas; l'hiver approche, les transports ne peuvent plus s'effectuer. Enfin, cette route sur laquelle on passait encore avant l'exécution des travaux, devient entièrement impraticable dans les portions de chaussées démolies, et les deux cinquièmes des fonds accordés restent sans emploi.

Passons au second exemple.

Deux communes s'étaient réunies pour fournir, par prestations en nature, six cents mètres cubes de cailloux sur une route fort mauvaise. Ces cailloux devaient être pris dans un bois : l'ingénieur s'était chargé de faire exécuter, sur les fonds mis à sa disposition, l'extraction des cailloux, leur *débardage* (1) hors du bois, et ensuite leur emploi sur la route. Les prestations en nature ne consistaient donc que dans le transport des matériaux, depuis la sortie du bois jusque sur les lieux où ils devaient être employés : ce transport se fit avec tant de lenteur, que les ouvriers placés à l'extraction et au débardage, et qu'il était impossible de payer autrement qu'à la journée, perdirent la moitié de leur temps. Lorsqu'enfin les deux tiers des cailloux furent rendus sur la route, l'ingénieur pensa qu'il pouvait faire commencer l'emploi. Les ouvriers chargés

---

(1) On appelle *débardage*, le transport à bras, à la hotte ou à la brouette, hors d'un lieu où les voitures ne peuvent pas aller.

de ce travail furent souvent obligés de s'arrêter. Le chef d'atelier se rendait deux ou trois fois par jour auprès des maires ou des particuliers pour avoir des voitures. En dernier résultat, l'extraction, le débardage et l'emploi de ces six cents mètres cubes de cailloux coûtèrent plus cher que s'il n'y avait pas eu de prestations en nature, et que tout eût été fait à prix d'argent.

Nous croyons maintenant pouvoir proposer les règles générales qui nous paraissent indispensables pour éviter les divers inconvéniens que nous venons de désigner.

1º Les prestations en nature doivent être volontaires. Aucune autorité locale n'a le droit d'en exiger, parce que les prestations en nature sont un impôt, et qu'aucune autorité locale n'a le droit d'établir des impôts de sa seule volonté.

2º Lorsqu'une ou plusieurs communes, ou des particuliers veulent faire des prestations en nature, il devrait être ouvert un registre sur lequel chacun écrirait son offre et signerait. De ce registre on formerait un rôle qui, en cas de refus des signataires, serait rendu exécutoire; car l'administration pourrait, en conséquence des offres faites, avoir pris des mesures qui l'entraîneraient à des pertes considérables, s'il fallait les changer.

3º Les offres ne devraient être reçues que pour des fournitures ou des transports; celles de main d'œuvre seraient faites en argent; car la main d'œuvre par prestation en nature revient beaucoup trop cher aux particuliers , présente un avantage presque illusoire à l'administration et des ouvrages toujours mal exécutés.

4° Chaque offre contiendrait, non un nombre de journées de voiture, non un nombre de voyages, mais les quantités de pierres, cailloux, sable ou pavés qu'on se propose de transporter ; les lieux où l'on prendrait ces matériaux, ceux où ils seraient déposés, enfin le temps pendant lequel se feraient les transports ; et ce n'est qu'à l'expiration de ce temps que l'administration aurait le droit de les faire exécuter d'office aux dépens des retardataires.

5° Le temps assigné pour le transport par prestations en nature commencerait à la fin des semailles et finirait au commencement du printemps. Cet espace de cinq ou six mois est nécessaire, parce qu'il y a, dans l'hiver, des momens où certains chemins servant aux transports se trouvent impraticables, et des jours où les voitures et les chevaux des fermiers et des propriétaires ne sont pas occupés. Il est juste de laisser à ces propriétaires et fermiers la faculté de disposer de ces jours ; et, de cette manière, les prestations en nature leur seraient le moins onéreuses possible.

6° En général les prestations en nature et les travaux à faire à prix d'argent par l'administration ne devraient pas avoir lieu en même temps ; les unes ne commenceraient que lorsque les autres seraient entièrement terminées.

7° Il ne faudrait jamais compter sur les prestations

en nature pour l'année dans laquelle on se trouverait ; les offres devraient être faites une année à l'avance, c'est-à-dire, dans le courant de l'été, réalisées en hiver, et la main d'œuvre ne s'exécuterait que l'été suivant.

8º Il serait bon que les particuliers qui s'obligent à faire le transport des matériaux s'obligeassent aussi à en effectuer l'extraction. Souvent le voiturier lui-même peut faire cette extraction et charger sa voiture. Néanmoins, dans le cas où elle serait trop difficile et où il y aurait un débardage, on pourrait y placer des ouvriers payés par l'administration ; mais en n'oubliant point de ne faire commencer les prestations en nature que lorsque l'extraction et le débardage auraient été terminés. Dans tous les cas, les voituriers devraient charger eux-mêmes leurs voitures ou avoir un ouvrier pour ce travail.

VI.

Nous avons dit que les chemins vicinaux ne servent presque qu'à l'exploitation des récoltes. Ils n'intéressent donc que les habitans des communes qu'ils traversent, et il est juste qu'ils ne soient entretenus et construits que par eux. Une loi du 6 octobre 1791 avait sagement statué que, dans chaque commune, il serait pourvu à leur dépense par une imposition *au marc le franc de la contribution foncière*. Mais cette loi ne fut pas long-temps en vigueur, et, par des actes subséquens de l'autorité, les prestations en nature furent de nouveau rendues obligatoires pour les chemins vicinaux.

La législation sur ces chemins n'est pas complète : elle se borne à quelques articles épars dans diverses lois, et qui même sont rarement exécutés. Les maires des communes se trouvent actuellement à peu près maîtres de prendre, à l'égard de ces chemins, les dispositions qu'ils jugent convenables. Des plaintes se sont élevées à ce sujet (1), et il est probable qu'on en entendrait davantage, si elles n'étaient étouffées par la crainte. Sans doute la plupart des maires ont des intentions très-louables; mais, outre qu'ils n'ont pas en général une connaissance suffisante des travaux, pourrait-on penser que, dans le grand nombre, il ne s'en trouvât pas quelques-uns qui sacrifiassent à la faveur, à l'amitié ou à l'intérêt personnel? Ne sait-on pas combien, dans la corvée, il est facile de donner accès aux abus et aux injustices, même sans s'en apercevoir?

L'un des principaux inconvéniens du mode actuel de procéder sur les chemins vicinaux, indépendamment des passe-droits, des exemptions accordées sans raison valable, etc., est d'exécuter des travaux à grands frais, sans songer à les entretenir ensuite, et même quelquefois sans qu'ils améliorent l'état des chemins. Nous avons vu récemment un chemin vicinal sur lequel on venait de faire une dépense qui, en argent, se

---

(1) Voyez ci-après, page 53, le vœu du conseil général de l'Hérault.

serait élevée à environ 3,000 fr., et qui, par prestation en nature, a dû en coûter au moins 12,000. Ce chemin est plus mauvais aujourd'hui qu'avant d'être réparé. Les petites pierres ont été placées dans le fond de la chaussée, et les grosses au-dessus. On n'a point songé à donner du bombement à cette chaussée, de de sorte que les eaux continuent d'y séjourner. On a ouvert des fossés; mais on les a rendus inutiles, en laissant sur les bas côtés du chemin des bourrelets de terre extrêmement élevés.

Si l'on veut avoir des chemins vicinaux, car on ne peut pas dire qu'on en ait en ce moment, il est indispensable de les confier à des hommes de l'art; et, autant pour ne pas payer un trop grand nombre de ces hommes, que pour ne pas les laisser dans la dépendance d'un seul maire, il suffirait d'un voyer ou deux par sous-préfecture, selon l'étendue. Ces voyers seraient nommés par le préfet, sur la présentation du sous-préfet, et après avoir subi un examen auprès de l'ingénieur en chef des Ponts et Chaussées.

La loi annuelle sur les finances autoriserait les conseils communaux à s'imposer, lorsque les revenus de leurs communes ne suffiraient pas, un certain nombre de centimes additionnels à la contribution foncière, pour la construction et l'entretien des chemins vicinaux. On exempterait de ce nouvel impôt ceux dont la contribution foncière serait au-dessous de dix francs. Afin d'épargner aux maires et à cinq ou six conseillers municipaux l'occasion de favoriser eux et leurs amis, on admettrait à ces conseils, avec voix délibérative, toutes les personnes dont l'imposition foncière serait de cent francs et au-dessus. Dans les villes d'une population un peu considérable, cette mesure pourrait être restreinte; mais, dans les communes rurales, elle devrait être suivie scrupuleusement.

La première opération à faire par les voyers, en entrant en fonctions, serait de lever les plans des chemins vicinaux, de prendre des informations sur leur degré d'utilité, et de présenter ensuite leurs propositions aux conseils des travaux communaux. Là on déterminerait les chemins vicinaux qui doivent être conservés, et ceux qui n'ont qu'une utilité privée seraient rejetés, pour être entretenus par les seules parties intéressées. Lorsqu'un chemin vicinal traverserait plusieurs communes, chaque conseil nommerait une commission composée du maire et de deux autres de ses membres. Ces commissions discuteraient entre elles, et en présence du voyer, les intérêts de leurs communes respectives; et, en cas de dissidence d'opinion, l'affaire serait portée par-devant le préfet qui déciderait, après avoir entendu l'avis du sous-préfet.

Dans ce même travail des voyers et des conseils on fixerait définitivement les largeurs de chaque chemin vicinal ou de chacune de ses parties, en se conformant à l'article 6 de la loi du 9 ventôse an 13, et à l'instruction du ministre de l'intérieur du 7 prairial suivant. Cet article de la loi est ainsi conçu : « L'admi-
« nistration publique fera rechercher et reconnaître

« les anciennes limites des chemins vicinaux, et
« fixera, d'après cette reconnaissance, leur largeur sui-
« vant les localités, sans pouvoir cependant, lorsqu'il
« sera nécessaire de l'augmenter, la porter au delà de
« six mètres, ni faire aucun changement aux chemins
« vicinaux qui excèdent cette largeur. »

Tous les ans, dans l'été, le voyer présenterait aux conseils des travaux communaux le devis des ouvrages à faire sur chaque chemin vicinal pendant l'année suivante. Ces devis devraient être visés par l'ingénieur des Ponts et Chaussées de l'arrondissement, qui ne serait tenu de donner son avis que sur la manière dont les prix auraient été établis, mais qui pourrait, s'il le jugeait à propos, y joindre des observations sur la nature des ouvrages. Ce serait après avoir adopté ces devis que les conseils des travaux communaux voteraient les centimes additionnels nécessaires.

Lorsque tout ce travail aurait été approuvé par le préfet, on procéderait aux adjudications en présence du maire, du voyer, et de deux commissaires nommés à cet effet par le conseil. Ces adjudications devraient avoir lieu, au plus tard, à la fin de septembre.

Chaque particulier, imposé sur sa contribution foncière, serait autorisé à fournir sur le chemin une quantité de matériaux dont la valeur, d'après les prix du devis, équivaudrait à la somme qu'il aurait été obligé de fournir en argent. On ne pourrait donner des autorisations de cette nature que jusqu'à concurrence des quantités portées au devis, en commençant par les plus petits contribuables. On n'accepterait aucune prestation en main d'œuvre; et, pour éviter toute supercherie de la part des entrepreneurs, on assignerait des emplacemens particuliers pour les matériaux fournis par prestation. D'ailleurs ces entrepreneurs seraient constamment sous la surveillance des voyers, sous celle des maires, des membres du conseil des travaux communaux, et de tous les contribuables.

Les prestations en nature se feraient du 1er octobre au 1er avril. Après cette seconde époque, il n'en serait plus reçu, et les travaux des entrepreneurs commenceraient. Il conviendrait de faire, autant que possible, l'emploi des matériaux fournis par prestations en nature, avant d'en laisser fournir d'autres par l'entrepreneur.

L'ingénieur des Ponts et Chaussées pourrait, dans le courant de l'année, sans toutefois y être obligé, parcourir les chemins vicinaux, et adresser ses observations au sous-préfet ou aux maires; mais il serait tenu de faire une tournée générale sur ces chemins lorsque les travaux auraient été terminés; et ils devraient l'être au plus tard à la fin de septembre. Ce ne serait que sur les rapports qu'il adresserait au sous-préfet, après cette tournée, que les réceptions définitives auraient lieu, et que les entrepreneurs toucheraient les retenues qui leur auraient été faites (1).

---

(1) MM. les ingénieurs des Ponts et Chaussées ne verront peut-être pas avec plaisir un de leurs collègues proposer d'augmenter leurs obligations et leurs charges. Personne n'ignore qu'il est peu d'employés du

Les voyers seraient chargés, outre les chemins vicinaux, de tous les autres travaux communaux, excepté des travaux d'architecture pour lesquels on reconnaîtrait qu'ils n'auraient pas fait les études nécessaires. Leurs appointemens seraient pris sur les fonds des travaux. On aurait peut-être de la peine à trouver d'abord des sujets ; mais il est rare qu'il n'y ait pas plusieurs arpenteurs dans les communes rurales d'une même sous-préfecture, et les arpenteurs pourraient être admis à concourir pour les places de voyers. On pourrait admettre également des jeunes gens qui auraient été employés comme surnuméraires dans les bureaux des ingénieurs, et même les piqueurs ou conducteurs des Ponts et Chaussées, lorsque les ingénieurs ne s'y opposeraient pas, ou reconnaîtraient que la place de voyer ne nuirait pas à leurs autres occupations (1).

---

gouvernement traités avec moins de faveur qu'eux. Peut-être un jour sentira-t-on la nécessité et la justice d'améliorer leur sort. Mais dans l'état actuel de la France, une espérance trop prochaine serait indiscrète. N'a-t-on pas vu la plupart de ces hommes élevés dans les arts de la paix, se dévouer à la guerre, non dans les temps de notre gloire, mais dans les momens des dangers de la patrie ? C'est une nouvelle preuve de dévouement qu'on propose de leur demander, et nous osons espérer qu'aucun d'eux ne la refusera.

(1) Un Mémoire sur les prestations en nature, par M. le baron de La Peyrouse, a été dernièrement présenté aux Chambres. Ce Mémoire plein d'excellentes vues et de faits précieux, n'a été tiré qu'à un très-petit nombre d'exemplaires ; mais il se trouve dans le numéro d'août des *Annales d'agriculture*. On peut le consulter. On y verra que les prestations en nature sont encore sujettes à des abus crians, dont nous avouons que nous les avions crues exemptes depuis l'époque de l'abolition de la corvée. On y apprendra que, dans le seul département de la

CONCLUSION.

LA corvée serait injuste dans son principe, onéreuse au peuple, et désavantageuse pour l'État : injuste, parce qu'elle retomberait, particulièrement lorsqu'il s'agirait des routes royales, sur les personnes les moins intéressées à leur conservation ; onéreuse au peuple, parce qu'elle exigerait une dépense quadruple de ce que coûtent les mêmes travaux à prix d'argent ; désavantageuse pour l'État, 1° par cela même qu'elle serait onéreuse au peuple ; 2° parce que les travaux seraient toujours mal exécutés. Enfin, par l'inégalité impossible à éviter dans sa répartition, elle serait contraire à la Charte.

Sur les routes départementales, ou sur les routes royales qui n'ont qu'un intérêt local, ou dans des cas semblables à celui que nous avons désigné en commençant la seconde partie de cet écrit, les prestations en nature peuvent être acceptées ; mais elles doivent être volontaires, et ce n'est que par cette condition qu'elles diffèrent de la corvée : aucune autorité n'a le droit de les faire exécuter par force, puisque ce serait établir un impôt non voté selon les formes constitutionnelles. Toute prestation en main d'œuvre doit être

---

Haute-Garonne, il fut fait en 1809 des prestations en nature pour une valeur d'un million, qui, d'après ce que nous avons dit, dut coûter plus de 1,330,000 fr. aux particuliers, et ne produire des travaux que pour 333,000. Au bout de quelques années, il ne restait plus de vestiges des ouvrages exécutés.

proscrite, et encore, pour retirer quelque avantage des prestations de fourniture ou de transport de matériaux, il faut, 1° laisser aux particuliers les cinq ou six mois d'hiver pour les exécuter; 2° ne commencer l'emploi de ces matériaux que lorsqu'ils sont tous approvisionnés.

Enfin, il nous semble que les chemins vicinaux doivent être faits et entretenus à prix d'argent par des entrepreneurs, sur des adjudications régulières; qu'on doit en confier la direction à des personnes de l'art; que ces personnes ne doivent pas être entièrement dépendantes des maires et des conseils municipaux, et qu'autant pour cette raison que pour avoir une plus forte garantie de la bonté des ouvrages, elles doivent être aussi sous la surveillance des ingénieurs et à la nomination des préfets.

Il nous semble également qu'il serait juste de laisser aux contribuables la faculté de fournir leurs contributions en nature ou en argent. Dans le premier cas on ne recevrait que les quantités de matériaux portées aux devis, et jamais aucune prestation en main d'œuvre.

Après avoir montré les dangers et l'injustice de la corvée, et avoir proposé de limiter extrêmement l'usage des prestations en nature, comment, nous demandera-t-on peut-être, pensez-vous que le gouvernement puisse, dans l'état actuel des finances, parvenir à l'amélioration des chemins? Nous répondrons qu'à l'égard des routes départementales et des chemins vicinaux, on peut s'en rapporter aux mesures que prendront les conseils généraux de département, et les conseils communaux dans lesquels nous avons conseillé d'admettre, pour le seul fait des chemins, un grand nombre de personnes intéressées à leur existence. Quant aux routes royales, nous dirons que si l'on ne peut pas, dans le budget de 1818, leur accorder une augmentation de 15 millions, il serait fortement à désirer qu'on portât cette augmentation à 10, et qu'on trouvât le moyen de faire des économies sur des dépenses moins indispensables. Dans le cas où ces économies seraient impossibles, il vaudrait encore mieux augmenter le budget de ces 10 millions, c'est-à-dire demander au peuple 10 millions de plus en argent, que de lui en demander 40 en prestations en nature pour n'obtenir que la même quantité de travaux, ou que de laisser les routes dans l'état de dépérissement où elles se trouvent. Qu'on songe que les grandes routes sont, dans un État policé, un objet de première nécessité; qu'elles peuvent dans quelques années devenir impraticables, si on n'augmente pas les fonds qu'on y emploie depuis long-temps, et que leur ruine porterait un coup mortel à l'industrie et au commerce.

EXTRAIT

D'UN ESSAI SUR LA VOIRIE.

CET Essai fut publié, en 1759, à l'occasion du *Traité de la Population,* du marquis de Mirabeau, auteur de *l'Ami des Hommes,* et père du comte de Mirabeau. L'auteur anonime de l'Essai combat plusieurs assertions du marquis de Mirabeau, notamment celles contre la corvée, quoique lui-même signale, comme nous allons le voir, un grand nombre d'abus tenant à cette institution. Il n'est peut-être pas étonnant qu'à une époque où les deux classes de citoyens les plus riches de l'État étaient en partie exemptes d'impôts, et où il n'y avait encore que peu d'industrie en France, cet auteur crût impossible d'entretenir les routes à prix d'argent ; mais une erreur dans laquelle il n'aurait pas dû tomber, c'était de s'imaginer que la corvée pût être dégagée du grand nombre d'abus qui tenaient à son essence. Dix-huit ans plus tard on commettait la même erreur en combattant Turgot. Voici ce que répondit ce sage ministre : « Ce sera toujours
« un très-mauvais système d'administration que celui
« qui exigera des administrateurs parfaits. Il est en
« général impossible à l'administrateur le plus actif
« et le mieux intentionné de prévenir les abus de la
« corvée. Je puis parler de ma propre expérience et
« de la province que j'ai administrée (*le Limousin*).

« Je suis bien assuré qu'avec un travail immense on
« n'aurait jamais pu réussir à mettre dans la corvée
« un ordre supportable. » L'auteur de l'Essai lui-même
va nous fournir de nouvelles preuves de cette vérité.

« L'origine de l'usage habituel des corvées, pour
« la réparation des chemins, ne remonte pas à cin-
« quante ans (1). Il fut d'abord établi *sur des prin-*
« *cipes si faux, si bizarres et si défectueux, qu'ils*
« *ouvraient la porte au péculat et à une espèce de*
« *brigandage.* Tout le fonds destiné à cette dépense,
« tant pour les frais des outils et autres, que pour les
« appointemens des conducteurs, était caché sous
« l'enveloppe ou d'adjudications fictives des travaux
« dont on chargeait les peuples, ou de baux d'en-
« tretien de chaussées auparavant faites à prix d'ar-
« gent; en rapportant une réception simulée de ces
« ouvrages, la dépense était passée sans difficulté
« dans les comptes du trésorier général. Ce n'est pas
« que cet arrangement fut criminel par lui-même,
« et qu'il ne fut peut-être forcé pour la forme. Mais
« le poison qui, dépouillé de sa malignité par un

---

(1) Par *usage habituel*, il faut entendre l'organisation de la corvée,
telle quelle existait en 1759, et telle que nous l'avons vue de nos jours.
Sous Louis XIV, quelques chemins royaux étaient entretenus à prix
d'argent. Depuis 1660 jusqu'en 1684, les comptes des Ponts et Chaussées
n'excèdent pas, année moyenne, la modique somme de 625,000 liv.
Les autres chemins étaient entretenus par corvée, et le Gouvernement
s'en occupait peu. Ils étaient presque tous impraticables. (Voyez le
Supplément à l'*Essai sur la voirie.*)

« chimiste habile, devient un remède souverain, tue,
« s'il est préparé par un empirique ignorant ou fri-
« pon........ Le vice consistait ici, *dans la plupart*
« *des provinces*, à ne rendre aucun compte au gou-
« vernement de l'emploi réel de la dépense; à lais-
« ser aux confidens la liberté d'en abuser en la ren-
« dant arbitraire; à ignorer que tous les *sous-ordres*
« *sans exceptions* pillaient chacun dans sa partie,
« que le privilége de l'exemption était *publiquement*
« mis en vente par les subdélégués; que pour punir
« certaines communautés de n'avoir pas gratifié les
« sangsues, on les chargeait de plus d'ouvrages
« qu'elles n'en pouvaient faire; à souffrir qu'on dis-
« tribuât à toutes leur travail à la journée, à la bou-
« levue, sans tâche et sans proportion (1); qu'on les
« employât à dès ouvrages de faveur souvent person-
« nelles; qu'on les assemblât dans des saisons où l'agri-
« culture avait besoin du secours de leurs bras (2); que
« par caprice, cruauté ou ignorance, on les fît venir de
« *dix lieues;* et qu'enfin les matériaux des ouvrages
« de maçonnerie, adjugés à prix d'argent, fussent gra-
« tuitement portés à pied-d'œuvre par les commu-
« nautés........ Si ce détail ne contient pas tous les
« genres d'iniquité dont la corvée est susceptible,
« *c'est que je veux ignorer les autres;* mais il ren-

____

(1) C'est l'une des plaintes que fait encore aujourd'hui M. de la
Peyrouse. On voit que cet abus n'est pas aussi facile à déraciner qu'on
pourrait le croire.

(2) Voyez à ce sujet ci-dessus, page 3, et ci-après, page 45, note

« ferme ceux dont on l'accuse communément. Oh !
« je reconnais qu'à ce prix la corvée est abomi-
« nable (1), qu'on peut la comparer aux dévastations
« de la guerre et de la famine, et qu'il n'est pas éton-
« nant qu'elle ait soulevé tous les cœurs et tous les
« esprits....... »

Voilà comment s'exprimait le défenseur de la corvée.
Qu'auraient dit de plus ses plus grands détracteurs ?

« .... Je suis pénétré de douleur à la vue conti-
« nuelle de l'esclavage auquel on réduit ces malheu-
« reux (*les habitans des campagnes*) par l'ignorance,
« le caprice, la hauteur, la basse ambition de se faire
« des amis ou des protecteurs au prix du sang des pau-
« vres (2). Je frémis de voir, à l'heure même ou j'écris,
« ces justes invectives contre leurs persécuteurs ; de
« voir, dis-je, un champ dépouillé de sa récolte avant
« sa maturité, et des paysans commandés au mois de
« juin pour tracer un chemin de pure faveur, et qui
« devrait d'autant plus être fait aux dépens du particu-
« lier qui l'obtient, que c'est pour former des abords
« faciles à un bac dont il tire le profit (3). Je serais

---

(1) Et l'on ne peut avoir des corvées qu'*à ce prix*, ou a très-peu près.

(2) Pense-t-on qu'aujourd'hui on serait exempt d'ignorance, de caprice, de hauteur, et surtout de l'ambition de se faire des amis ?

(3) Voyez à ce sujet la note de la page 12. Nous ajouterons seulement ici que la corvée facilitait l'exécution des chemins de faveur. Les autorités locales auraient-elles pu résister aux importunités des hommes puissans, lorsque, pour les satisfaire, il n'en coûtait rien au trésor public, et qu'il suffisait d'un ordre envoyé aux habitans des campagnes ? Aujourd'hui, au moins, tant qu'il n'y a pas de fonds faits, les sollicitations sont inutiles.

« trop long si j'ajoutais au récit de cette tyrannie ce-
« lui de tous les autres abus que je connais en ce
« genre....... »

« .... Quand c'est le subdélégué qui fait les rôles,
« qui accorde les exemptions et qui décerne les con-
« traintes, il devient si terrible par ces moyens ajoutés
« à ceux qu'il a d'ailleurs dans le commandement de
« la milice et des impositions ordinaires, que per-
« sonne n'oserait se plaindre. J'en ai cent preuves sans
« réplique ; je n'en citerai qu'une seule. Des officiers
« d'une ville de province, dont on ruinait à plaisir la
« communauté, pour un chemin qui détournait leur
« commerce, furent informés que le subdélégué dis-
« pensait de la corvée ceux qui voulaient bien s'en
« dispenser à prix d'argent : ils en portèrent leurs
« plaintes à l'intendant, après s'être assurés des faits
« par les dépositions des particuliers qui avaient subi
« ce monopole. Le magistrat, comme de raison,
« demanda des preuves ; les officiers s'y soumirent, et
« allèrent en conséquence requérir les déclarations
« des déposans ; mais ceux-ci les leur refusèrent, en
« disant qu'ils se garderaient bien d'offenser le subdé-
« légué, parce qu'il les augmenterait à la capitation...»

« .... Il m'a été dit par un homme très-digne de
« foi et revêtu d'un caractère respectable, qu'il avait
« été témoin des larmes d'une pauvre veuve qui avait
« tout à la fois dans sa chaumière, son mari venant
« d'expirer, et un cavalier de maréchaussée mis chez
« lui en garnison, comme défaillant à la corvée, sans

« qu'elle eût jamais pu obtenir la décharge de ce
« barbare logement... .... »

Nous abrégeons ces citations, et nous passons à la
loi que l'auteur propose pour remédier aux abus de
la corvée.

« 1° Je voudrais que la première disposition de
« cette loi portât de sévères défenses de commander,
« pour la corvée , des communautés éloignées de
« plus de deux lieues de France, de 2,400 toises, ou
« environ, et que cette distance ne pût être excédée
« sous aucun prétexte, soit à l'égard de l'extraction
« des matériaux, soit par rapport à la confection des
« chemins (1). Il n'arrive que trop souvent qu'après
« avoir fait venir sur l'atelier les manouvriers et les
« voitures, on les envoie aux carrières ou à d'autres
« emplacemens éloignés sur lesquels on fait rassem-
« bler des cailloux....... »

« 2° Il serait , je crois, très-superflu d'observer que
« le nombre d'ouvriers commandés pour la corvée ,
« doit être proportionné par moitié, par tiers ou par
« quart, au nombre d'habitans de chaque paroisse ;
« de manière qu'ils ne marchent pas tout à la fois,
« et qu'il en reste assez au village pour faire ses
« propres ouvrages indispensables et ceux des parti-
« culiers (2); mais ce qu'on ne peut trop recomman-

____

(1) De cette manière, les communes éloignées profiteraient des routes
sans participer à la charge de leur entretien.

(2) Et si, comme cela arriverait plus d'une fois , le quart, le tiers ou
la moitié de ces habitans ne suffisaient pas, comment ferait-on ?

« der, c'est de ne les envoyer à ce travail forcé que
« dans les saisons mortes pour l'agriculture...... (1) »

« 4° La loi marquera tous les cas d'exception de
« la corvée, soit personnelle, soit de voitures, soit
« de représentation ; mais comme elle ne pourrait
« *les prévoir tous*, eu égard à tant de genres et
« qualités d'offices ou priviléges qu'il y a dans ce
« royaume, il sera bon de consulter les intendans
« sur cet article, avant de le régler, et que s'il se
« présente par la suite d'autres causes d'exception, ils
« aient le pouvoir d'y faire droit...... »

« 5° Je n'observerai ici que pour mémoire, que
« tout particulier qui est taillable dans les pays où la
« taille est personnelle, et qui n'est pas d'état à pou-
« voir travailler de ses mains, doit être assujetti à la
« corvée de représentation, à l'exception néanmoins
« des lieutenans généraux, civils, criminels et de
« police, des bailliages et sénéchaussées ; juges prin-
« cipaux des justices royales ; présidens des élections ;
« consuls en charge actuelle des villes, ou autres chefs
« de compagnies que le conseil jugera digne de cette
« distinction...... »

---

(1) Lorsqu'on ne demande par prestation en nature, sur un petit
nombre de chemins, que la fourniture d'une partie des matériaux, on
peut, en s'y prenant à l'avance, laisser, ainsi que nous l'avons dit, la
faculté aux contribuables de faire ces prestations pendant l'hiver, et
même de choisir les jours qui leur sont le plus commodes. Si sur toutes
les routes, non-seulement la fourniture de tous les matériaux, mais
encore leur emploi et les terrasses se faisaient par corvée, il serait
impossible d'attendre cette saison : nous l'avons dit plusieurs fois.

Nous ne poussons pas plus loin cette analise. Nous n'avons même cité les art. IV et V que pour faire connaître autant que possible quelle était la multitude des personnes exemptes de la corvée, et combien un bon citoyen proposait de laisser encore d'arbitraire à cet égard. Mais il ne pouvait pas faire mieux en 1759. Les deux premiers articles que nous avons prouvé, par les notes dont nous les avons accompagnés, être inexécutables, dans un très-grand nombre de cas, suffiraient pour montrer que la corvée est inconciliable avec la justice et l'humanité.

EXTRAIT

DES VOEUX DES CONSEILS GÉNÉRAUX DE DÉPARTEMENS.

(Moniteur du 14 novembre 1817.)

ROUTES DÉPARTEMENTALES.

« AIN. — Il n'y a pas lieu à faire réparer les routes
« départementales au moyen de la prestation en na-
« ture...... »

« AISNE. — La prestation en nature ne peut être-
« appliquée à la réparation des routes départemen-
« tales : *cette mesure inspirerait des inquiétudes,*
« *en paraissant ramener au rétablissement de la*
« *corvée.* On propose d'adopter, en principe, que les
« fonds dont on pourrait disposer sur les routes dépar-
« tementales soient employés de préférence aux par-
« ties de route pour lesquelles les communes fourni-
« ront des contributions *volontaires.* »

« ALLIER. — Avant que les principaux chemins
« vicinaux soient réparés, le conseil *redoute* que la
« prestation en nature soit employée sur les routes
« départementales. »

« ARDÈCHE. — Appeler les communes à pourvoir
« à l'entretien et aux menues réparations des routes
« départementales, par la voie des corvées (1). »

---

(1) Le conseil général de l'Ardèche et celui de la Moselle sont les
seuls qui demandent le rétablissement de la corvée. D'après l'accord
unanime du reste de la France, il est permis de douter que ces deux
conseils soient les interprètes des vœux de leurs concitoyens.

« ARDENNES. — Le conseil pense qu'il convient de
« continuer à employer le mode actuel d'entretien
« des routes départementales par le moyen des cen-
« times additionnels ; il *rejette* la prestation en na-
« ture. »

« BOUCHES-DU-RHÔNE. — La prestation en nature
« ne peut être appliquée à la réparation des routes
« départementales. Cependant le conseil, considérant
« combien les sommes allouées pour ces réparations
« sont faibles, pense qu'il pourrait être suppléé à
« cette insuffisance au moyen d'une prestation *vo-*
« *lontaire* de la part des communes intéressées, et
« qui serait provoquée par les autorités locales. »

« . . . .

« GARD. — Quand à la prestation en nature et à
« la proposition de l'appliquer aux routes départe-
« mentales, le conseil *rejette formellement* ce moyen :
« *il rappellerait les corvées*, dès long-temps abolies
« dans cette province, qui, avant la révolution, était
« administrée comme pays d'État. L'introduction
« de la prestation en nature *indisposerait* les habi-
« tans, et ne produirait que de bien faibles résultats
« pour l'amélioration des routes ; car l'expérience a
« prouvé que *trois journées* de travail exigé sans sa-
« laire, ne produisent pas autant qu'*une journée* de
« travail libre et salarié. Enfin, ce mode de subvenir
« à l'entretien des routes départementales est d'au-
« tant moins admissible dans le département du Gard,

« que les communes les plus pauvres sont précisé-
« ment celles où les routes sont les plus dégra-
« dées (1). »

« GARONNE (HAUTE). — L'expérience a démontré
« qu'il n'est pas possible d'appliquer la prestation
« en nature à la réparation des routes départemen-
« tales (2). »

« ISÈRE. — Avec les fonds départementaux appli-
« cables aux travaux des routes départementales, on
« peut admettre le concours *facultatif* des communes
« pour les prestations en nature............ »

« LOIRE-INFÉRIEURE. — Le conseil........ rejette
« la prestation en nature pour la confection des
« routes départementales, parce que ce mode *rap-*
« *pelle les corvées.* »

« MEURTHE. — La prestation en nature ne peut
« être employée à la réparation des routes départe-
« tementales; ce mode d'entretien qui *ressemblerait*
« *trop à la corvée* enleverait continuellement les
« bras à l'agriculture : avant de l'ordonner, il faudrait
« supprimer les impôts établis pour ce service; car il
« ne serait pas juste d'exiger à la fois le travail et le

---

(1) Ce vœu est un des plus remarquables par sa précision et sa jus-
tesse. Il est certainement partagé par un préfet qui, à peine arrivé dans
le département du Gard, a fait cesser tous les désordres, calmé tous
les esprits, rassuré toutes les consciences, et rendu à ce malheureux
pays le repos et la sécurité dont il était privé depuis si long-temps.

(2) Voyez ci-après le vœu du même conseil sur les chemins vicinaux.

« prix du travail. Il faut donc maintenir le système
établi pour la réparation des routes départementales. »

« . . . . »

CHEMINS VICINAUX.

« . . . . »

« ALPES (BASSES). — La prestation en nature est
« rejetée par le conseil, qui propose de pourvoir à
« la réparation des chemins vicinaux au moyen d'une
« prestation en argent, basée sur l'imposition person-
« nelle et mobilière (1)………. »

« . . . . »

« GARONNE (HAUTE). — La prestation en nature
« ne peut être appliquée à la réparation des che-
« mins, comme à celle des autres travaux publics,
« au moyen d'une contribution spéciale dont la loi
« déterminera les limites, et d'une adjudication régu-
« lière dont elle réglera les formes (2).

« HÉRAULT. — La prestation en nature donne lieu
« à des *préférences* et à des *vexations* : les chemins
« réparés ne sont le plus souvent que ceux qui abou-
« tissent aux propriétés du maire. Ce mode produit

---

(1) Il paraît beaucoup plus juste de la baser sur la contribution foncière, parce que les propriétaires fonciers sont en général les plus riches,
et ceux qui se servent les plus de ces chemins.

(2) Voyez le Mémoire de M. de la Peyrouse, et ci-dessus, la note de
la page 38.

« à peine le cinquième d'un travail salarié (1) Il con-
« viendrait d'affecter à la réparation des chemins vici-
« naux les revenus des communes, et, en cas d'in-
« suffisance, on pourrait ajouter à leur contribution
« *foncière*, un, deux ou trois centimes par franc.
« Les conseils municipaux, auxquels on adjoindrait
« dix des plus forts contribuables, désigneraient les
« chemins à réparer. Des hommes de l'art seraient
« chargés par le préfet de dresser les devis. Les adju-
« dications se feraient au rabais et à l'extinction des
« feux. L'autorité surveillerait l'exécution des travaux
« et l'emploi des fonds (2). »

« . . . . »

Si la plupart des autres conseils généraux admettent
pour les chemins vicinaux les prestations en nature,
en demandant toutefois qu'on laisse aux particuliers et
même aux conseils municipaux la faculté de convertir
ces prestations en argent, il est aisé de s'apercevoir que
ce n'est que comme une concession et pour être dé-
livrés de la crainte de les voir employées sur les routes

---

(1) Le conseil général du Gard évalue la dépense de la corvée au
triple de ce que coûtent les travaux à prix d'argent : cette évaluation est
à peu près égale au résultat que nous avons obtenu par des calculs
fondés sur des expériences. Celle du conseil général de l'Hérault s'en
éloigne en plus et de beaucoup : elle peut être fondée sur des expériences également exactes ; car nous n'avons pas choisi celles que nous
auraient données les plus forts résultats. Dans tous les cas, elle montre
au moins que la nôtre n'est point exagérée.

(2) Ce vœu est conforme en presque tous les points à ce que nous avons
proposé pour les chemins vicinaux.

royales et départementales. Nous pouvons donc dire que la grande majorité de la France s'est prononcée contre le rétablissement de la corvée. Nous observerons, en finissant, que notre travail était entièrement terminé lorsque nous avons eu connaissance des vœux des conseils généraux et du mémoire de M. de la Peyrouse. Nous nous félicitons d'avoir pour nous de pareilles autorités.

FIN.